Cinquième Vente

OBJETS D'ART

ET

D'AMEUBLEMENT

SCULPTURES

Livres, Catalogues de ventes

TABLEAUX

ANCIENS ET MODERNES

APPARTENANT

A M. ÉMILE BARRE

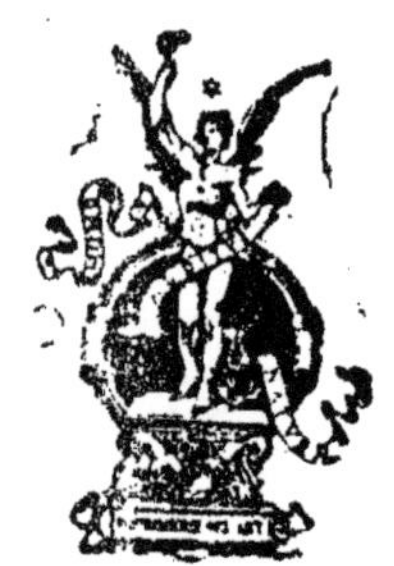

CATALOGUE

DES

OBJETS D'ART

ET D'AMEUBLEMENT

ANCIENS ET MODERNES

Porcelaines, Ivoires, Objets variés

SCULPTURES BRONZES

MEUBLES

TABLEAUX

LIVRES SUR LES ARTS

Nombreux Catalogues de ventes des XVIIIe et XIXe siècles

Appartenant à M. ÉMILE BARRE

ET COMPOSANT LA CINQUIÈME VENTE QUI AURA LIEU

En vertu d'ordonnance

A la requête de M. DURET, administrateur judiciaire

HOTEL DROUOT, SALLE N° 11

Les Lundi 16 et Mardi 17 Avril 1894

A DEUX HEURES

COMMISSAIRES-PRISEURS

Me PAUL CHEVALLIER	**Me E. BARTAUMIEUX**
10, rue Grange-Batelière, 10	281, rue Saint-Honoré, 281

Assistés de

M. CH. MANNHEIM	**M. A. BLOCHE**
EXPERT	EXPERT PRÈS LA COUR D'APPEL
7, rue Saint-Georges, 7	25, rue de Châteaudun, 25

EXPOSITION PUBLIQUE

Le Dimanche 15 Avril 1894, de 1 heure 1/2 à 5 heures 1/2

CONDITIONS DE LA VENTE

Elle sera faite au comptant.

Les acquéreurs payeront *cinq pour cent* en sus des adjudications.

L'exposition mettant le public à même de se rendre compte de l'état des objets, aucune réclamation ne sera admise une fois l'adjudication prononcée.

Paris. — Imp. de l'Art. E. MOREAU et Cie, 41, rue de la Victoire.

DÉSIGNATION DES OBJETS

TABLEAUX

BERCHEM (Nicolas

1 — *Paysage.*

Des pâtres avec leurs troupeaux traversent un gué sur la lisière d'un bois.

BOUCHER

2 — *Jésus enfant et le petit saint Jean.*

CALAMATTA (J.)

3 — *Scène d'intérieur.*

CHARPENTIER

4 — *Le Benedicite à la ferme.*

Cadre Louis XV en bois sculpté.

CLAUDE (Eugène)

5 — *Crevettes et huitres.*

COROT

6 — *Le Temps de la moisson.*

Deux enfants dans les blés font des bouquets de bleuets, de marguerites et de coquelicots.

COROT

7 — *Lac Isola Bella.*

Vente Corot.

COURBET

8 — *Vue prise dans les Alpes.*

CUYP (Benjamin)

9 — *Le Concert rustique.*

Dix figures.

DAUBIGNY

10 — *Arbres en fleurs.*

Étude.

DE MARNE

11 — *La Foire de village.*

DE MARNE

12 — *Le Retour à la ferme.*

DIAZ

13 — *Jeune Femme dans un bois.*

DIAZ

14 — *Une Nymphe.*

Étude.

DIAZ (Attribué à)

15 — *Femme et enfant.*

Esquisse.

FRAGONARD

16 — *Bergère surprise par l'orage.*

Toile ovale.

FRANCIA

17 — *Le Mariage mystique de sainte Catherine.*

Collection du docteur Roth.

GREUZE (J. B.)

18 — *Portrait d'enfant.*

Petit garçon blond, représenté de trois quarts, en buste, robe blanche décolletée et ceinture rose.

Cadre en bois sculpté.

HOLBEIN

19 — *Portrait d'homme.*

De trois quarts, en buste, coiffé d'une toque et vêtu de noir, avec, sur la poitrine, des rubans roses en sautoir.

HUET (J. B.)

20 — *Pastorale.*

Petite gouache dans un cadre en bois sculpté.

ISABEY

21 — *Marée montante.*

JACQUES (CHARLES)

22 — *Deux Poules.*

23 — *Étude de moutons.*

24 — *Deux Poules.*

JONGKIND

25 — *Paysage.*

Daté de 1865.

26 — *Vue de village.*

Aquarelle.

LEMAIRE (Madeleine)

27 — *Pêches et figues.*

Aquarelle.

28 — *Roses dans une coupe.*

Aquarelle.

LUSURIER (Catherine)

29 — *Portrait de jeune femme.*

Presque de face, des perles et une voilette dans sa coiffure relevée et poudrée, en robe de satin blanc avec nœuds roses.

NATTIER (École de)

30 — *Portrait d'un seigneur.*

En armure et portant le cordon du Saint-Esprit.

PATER (J. B.)

31 — *Réunion galante dans un parc.*

Six figures.

Cadre ancien en bois sculpté.

PETIT (Eugène)

32 — *Vase de fleurs.*

PILS

33 — *Tête de guerrier tartare.*

PLATZER

34 — *Le Repas dans la campagne.*

Importante composition.

PYNACKER (Adam)

35 — *Port de mer.*

Cadre en bois sculpté.

ROSALBA

36 — *Jeune Fille tenant un lapin.*

Cadre en bois sculpté.

RUBENS (Attribué à)

37 — *Deux figures mythologiques.*

Cadre du XVIIe siècle en bois sculpté, avec écoinçons en bas-relief représentant des combats de cavaliers.

RUYSDAEL (École de)

38 — *Intérieur de forêt.*

SANTERRE

39 — *Portrait d'une dame de qualité.*

A mi-corps, dans un parc, en robe de brocart avec manteau d'hermine; elle tresse une couronne de fleurs.

Cadre ancien en bois sculpté.

VESTIER (Attribué à)

40 — *Portrait présumé de Mme Rolland.*

Ovale. Cadre en bois sculpté.

WOUWERMANS (Ph.)

41 — *Halte de chasse.*

Cadre en bois sculpté.

ZIEM

42 — *Vue de Venise.*

ÉCOLE FRANÇAISE (Fin du XVIIIe siècle)

43 — *Portrait d'enfant tenant un bouquet.*

Toile ovale.

ÉCOLE FRANÇAISE

44 — *Portrait de jeune fille.*

En robe bleue, manteau rouge, tenant des fleurs.

PORCELAINES

45 — Deux grands et beaux vases en porcelaine de Chine, fond rouge haricot, anses et monture en bronze doré, de style rocaille.

46 — Deux cache-pots avec anses en ancienne porcelaine de Sèvres, pâte tendre, fond blanc à paysages et oiseaux.

47 — Chien barbet en ancienne porcelaine de Saxe.

48 — Assiette en ancienne porcelaine de Saxe, décor de fleurs.

49 — Deux chiens de chasse en ancienne porcelaine de Saxe sur terrasses en bronze doré à jour. Époque Louis XV.

50 — Paire de vases en ancienne porcelaine de Chine, fond noir, décor à fleurs et coqs, de la famille rose, cols ornés de montures en bronze.

51 — Deux buires en ancienne porcelaine de Chine, fond rouge haricot, anses formées par des satyres assis sur des volutes en bronze doré de style Louis XVI.

52 — Encrier en bronze doré rocaille, formé par un singe et une coquille en vieux céladon bleu turquoise.

IVOIRES

53 — Grand groupe en ivoire sculpté représentant Vénus et l'Amour, sur socle en ébène.

54 — Deux jolis pistolets en ivoire finement sculpté, représentant des sujets de chasse et des figures en relief, platines et canons en fer rehaussé de vestiges de dorures. XVIe siècle.

55 — Baiser de paix, ivoire sculpté : Pieta.

56 — Christ en ivoire sculpté de l'époque Louis XIV, cadre ancien en bois sculpté et doré.

57 — Deux statuettes en ivoire représentant la Poésie et la Musique; socles en bronze doré.

OBJETS VARIÉS

58 — Boite ronde en agate à godrons, garnie or ; sur le couvercle, peinture sur émail Louis XVI : nymphe et amour.

59 — Boite ronde en poudre d'écaille garnie or ; sur le couvercle, petit bas-relief en cire blanche sur fond de biscuit bleu : nymphe et amour. Fin du XVIIIe siècle.

60 — Miniature ovale sur ivoire : la Jeune Fille à la Colombe.

61 — Deux petites gouaches de forme ronde, paysages et figures ; cadres en bronze.

62 — Figurine d'Amour prenant son vol, en or émaillé ; socle en lapis.

63 — Ceinture en argent ornée de petites plaques gravées à figures allégoriques. Travail allemand.

64 — Coffret orné de bas-reliefs en argent : Histoire de l'Enfant prodigue ; monture en bronze. Ancien travail allemand.

65 — Sucrière Louis XIV en argent, décorée de palmettes et rinceaux gravés et en relief ; couvercle repercé en forme de dôme.

66 — Deux flambeaux-balustres en argent, décorés de rangs de perles et feuillages. Travail hollandais du XVIIIe siècle.

67 — Deux petits bras-appliques à deux lumières en argent à décor de guirlandes, rubans et rosace. XVIIIe siècle.

68 — Deux petits vases couverts sur piédouche, anses formées de rinceaux, en argent doré ; bordure à fleurons. XVIIe siècle.

69 — Figurine de personnage accroupi auprès d'un vase ; cristal de roche. Chine.

70 — Coupe en verre de Venise à filet bleu.

71 — Amorçoir formé d'une gourde gravée à figures allégoriques. Travail allemand.

72 — Pendule en marqueterie d'écaille et de cuivre. XVIIe siècle.

73 — Plaque ovale en émail de Limoges. XVIe siècle : Vieillard se chauffant, personnifiant l'hiver.

74 — Plaque rectangulaire en émail de Limoges, représentant les Saintes Femmes.

entourant le Christ mort. Composition de six personnages. Cadre en bois noir guilloché.

75 — Grande plaque rectangulaire en émail de Limoges, représentant Ulysse.

76 — Statuette en buis sculpté, XVIIe siècle : Vierge en prière ; sur socle en bois noir.

77 — Deux bouteilles en ancien émail cloisonné de Chine, fond blanc, décor à arabesques et fleurs polychromes.

78 — Couvre-lit en soie jaune brodée au passé, à corbeilles de fleurs et oiseaux. Travail des Colonies portugaises. XVIIe siècle.

SCULPTURES

79 — Beau buste en marbre blanc représentant une jeune femme drapée dans le style du XVIIIe siècle.

80 — Petit groupe en marbre blanc représentant un enfant assis sur des coussins. Style du XVIIIe siècle.

81 — Grand groupe de deux figures en marbre blanc, représentant : l'Amour châtié, dans le genre de Falconet.

82 — Très joli buste de petite fille en marbre blanc. Style Louis XVI.

83 — Statuette en marbre blanc : nymphe à l'oiseau, sur socle en bronze doré à tore de laurier.

84 — Très joli petit buste en marbre blanc : Jeune garçon, d'après François Flamand.

85 — Buste en terre cuite : Figure d'enfant, de Adam.

86 — Buste terre cuite, XVIe siècle : personnage en armure. Provient de la collection Cardon.

87 — Paire de grands et très beaux vases en

porphyre oriental, tout évidés, forme cintrée et côtelée, culots à godrons ornés d'anses à têtes laurées se détachant sur des consoles et prises dans la masse, en bas flanqués de masques diaboliques, les pieds à côtes tournantes avec moulures à feuilles d'acanthe; socles carrés. Travail de l'époque Louis XIV. Pièces importantes et rares.

88 — Deux belles buires en marbre vert et blanc veiné, anses formées par deux enfants en bronze doré avec draperies retenues par des têtes de béliers, culots et bases en bronze doré. Époque Louis XVI.

89 — Bas-relief en albâtre : La Charité; cadre en bronze ajouré et gravé, Louis XIII, à figurines, chimères et dauphins.

90 — Haut-relief en albâtre, XVIIe siècle, représentant le Couronnement du Christ par les anges.

91 — Boîte à musique marbre blanc et bronzes dorés, décor de trophées et instruments de musique, avec corbeilles de fleurs aux angles.

92 — Deux beaux vases avec couvercles en porphyre rouge d'Orient, anses formées par des sirènes en bronze doré tenant des guirlandes de laurier retenues par des têtes de bélicrs finement ciselées. Style Louis XVI.

93 — Deux aiguières en marbre rouge veiné de Grèce, anses formées par des sirènes en bronze doré et ornées de guirlandes de laurier retenues par des nœuds de rubans. Époque Louis XVI.

94 — Coupe en ancien porphyre oriental à godrons sculptés dans la masse, monture en bronze doré.

95 — Paire de jolis brûle-parfums en porphyre oriental, finement évidés, monture en bronze ciselé et doré, anses formées

par des têtes de satyres, couvercles surmontés de pommes de pin. Époque Louis XVI.

96 — Deux grosses et belles colonnes en granit rose oriental, plinthes et supports en marbre rouge jaspé d'Égypte.

BRONZES

97 — Paire de belles girandoles en bronze doré à trois lumières ornées de guirlandes de laurier. Style Louis XVI.

98 — Paire de girandoles en bronze doré à trois lumières, ornées de pommes de pin et de feuilles de laurier. Style Louis XVI.

99 — Garniture de cheminée formée d'une pendule en bronze doré représentant une nymphe assise personnifiant l'Astronomie, sur socle à guirlandes de laurier, et de deux candélabres formés par deux

enfants en bronze doré tenant de chaque main une lumière. Style Louis XVI.

100 — Paire de beaux et grands candélabres formés par des statuettes d'enfants en bronze patine verte tenant des bouquets à cinq lumières, posant sur socles en marbre rouge ornés de bronzes. Époque Louis XVI.

101 — Paire d'appliques en bronze doré à trois lumières surmontées de vases à guirlandes de fleurs finement ciselées et ornées de têtes de béliers. Époque Louis XVI.

102 — Paire de flambeaux en bronze doré à figurines d'enfants en bronze patine noire. Style Louis XV.

103 — Pendule en bronze doré de forme contournée ornée de fleurs, de fruits et de motifs à rocailles avec trophée d'instruments de musique. Cadran signé : *Moisy, à Paris*. Époque Louis XV. Elle

est montée sur un socle de bronze doré de style Louis XV.

104 — Paire de girandoles en bronze doré, pendeloques poires et boules en cristal de roche à cinq lumières, ornées de têtes de béliers. XVIIIe siècle.

105 — Pendule en bronze doré, époque Louis XVI, forme urne avec anses à feuillages. Cadran signé : *Delafosse, à Paris.* Piédouche à godrons et cannelures et base à tore de laurier.

106 — Deux jolies statuettes en bronze patine brune, époque Louis XIV, représentant Diane et Procris, sur socles en ébène.

107 — Joli encrier en bronze patine claire, XVIe siècle, représentant un satyre portant une vasque. (Provient de la Vente Stein.)

108 — Statuette en bronze patine brune, XVIe siècle, représentant la Vénus pu-

dique, sur socle en marbre rouge orné de bronzes dorés.

109 — Statuette équestre en bronze ancien : Henri IV, sur socle en marbre blanc.

110 — Paire de chenets en bronze doré, style Louis XV, formés par des figurines de petit garçon et petite fille assis sur des rocailles.

111 — Deux encoignures de meuble en bronze doré, époque Louis XV, dessin à rocailles fleuronnées.

112 — Applique en bronze représentant une tête de satyre. Époque Louis XIV.

113 — Deux statuettes en bronze patine brune, XVIe siècle, personnages mythologiques, sur socles en marbre rouge.

114 — Statuette en bronze patine brune, XVIe siècle, représentant un personnage à longue barbe et drapé.

115 — Deux petits bustes en bronze, XVIIe siècle : jeune fille et jeune garçon.

116 — Deux petits porte-montres, porphyre rouge et bronze. Style Louis XVI.

117 — Le Dieu de longévité sur le cerf; bronze à patine claire, socle en bois. Chine.

118 — Quatre pièces en bronze : chutes et bas-reliefs. Époque Louis XVI.

119 — Trois pièces : deux chutes, feuillages en bronze de style Louis XVI, et applique en bronze doré, époque Louis XV.

120 — Lots de cristaux de roche; lot d'ornements en bronze.

MEUBLES

121 — Crédence en noyer sculpté à trois portes et deux tiroirs, sur console à

colonnettes et fond plein, ornée de cariatides, de mascarons chimériques, palmettes et rinceaux, en partie du xvie siècle.

122 — Vitrine en bois de violette et satiné, garnie de bronzes, dessus en marbre.

123 — Table-bureau en marqueterie de bois de rose et bois de violette avec tablette et deux tiroirs, ornée de bronzes dorés. Style Louis XV.

124 — Table-bureau en marqueterie de bois de couleur à quadrillés, garnie de bronzes, le dessus forme échiquier et le tiroir contient un pupitre. Signé : Becker. Époque Louis XVI.

125 — Petite table à écrire en bois de rose à tablettes mobiles et tiroir avec écran et coulisseau dans la partie supérieure, garnie de bronzes. Signé : Becker. Époque Louis XVI.

126 — Petite table-servante en acajou. Époque Louis XVI.

127 — Tabouret en chêne couvert en cuir de Cordoue et clouté. Époque Louis XIII.

128 — Meuble à hauteur d'appui à un tiroir et colonnes torses en bois noir.

129 — Table en bois peinte en blanc, pieds sculptés. Époque Louis XVI.

130 — Deux étagères en bois.

131 — Bibliothèque à portes vitrées en bois de rose.

132 — Chaise à X, couverte en velours rouge.

133 — Petite table-bureau en marqueterie de bois de rose et de violette, avec tablette mobile et tiroirs, garnie de bronzes dorés. Style Louis XV.

134 — Deux consoles en marqueterie genre Boulle.

135 — Sous ce numéro, mobilier courant. (Sera divisé.)

LIVRES

136 — Adonis. Paris et Londres, 1775. 1 vol. avec planches, d'après Eisen. Relié.

137 — Phrosine et Mélidore. Messine et Paris, 1772. 1 vol avec planches, d'après Eisen.

138 — Jean Racine avec commentaire de Luneau de Boisjermain. Figures de Gravelot, Paris, 1768. 7 vol.

139 — De la Sagesse, par Pierre Charron. Leide, chez les Elsevirs, 1646. 1 vol.

140 — La Vie de M. l'abbé de Choisy, de l'Académie Française. A Lausanne et à Genève, 1748. Relié.

141 — Œuvres de Molière. Paris, 1773. avec planches. 4 vol. reliés. Incomplet.

142 — Le Tableau des armoiries de France, par Philippe Moreau. Paris, 1609, 1 vol.

143 — Hugonis Grotii Annales et Historiæ de rebus belgicis. Amsterdam, 1658.

144 — Bible imprimée avec planches. Texte allemand. Bâle, 1576, reliée.

145 — Dictionnaire historique. Caen, 1774, 6 vol. reliés.

146 — Imperatorum romanorum omnium orientalium et occidentalium verissimæ imagines, etc. 1559.

147 — Chroniicke Van de Hertoghen Van Brabant. Anvers, 1812, avec planches. Relié.

148 — Recueil de bois, du XVIe siècle : Cavaliers, soldats, têtes, pièces d'armures, etc.

149 — Les quatre heures de la toilette des dames, par M. de Favre, orné de quatre planches. Genève et Paris, 1780. Relié.

150 — Recueil de petits sujets et culs-de-lampe utiles aux artistes. A Paris, chez Chéreau. Quelques planches, d'après Eisen.

151 — Nouveau livre de boîtes de pendules, etc., par D. Marot.

152 — Livre de différents sujets de figures et animaux, par H. Roos.

153 — Médailles du règne de Louis XV.

154 — Numismata moduli maximi ex cimeliarchio Ludovici XIV. Eleutheropoli, 1704.

155 — Tableaux du cabinet de M. Poullain, par F. Basan.

156 — Galerie Leuchtenberg. Francfort 1851.

157 — Recueil d'estampes, gravées d'après

les tableaux du cabinet de Monseigneur le duc de Choiseul, par Basan. 1771.

158 — Collection de cent vingt estampes, gravées d'après les tableaux qui composaient le cabinet de M. Poullain, par Basan. Paris, 1781.

159 — La Décoration polychrome, d'après les étoffes anciennes, publiée sous la direction de Bachelin-Deflorenne. Paris, 1891.

160 — Nouvelle Iconologie historique ou attributs hiéroglyphiques, composée par Jean Charles de La Fosse. Amsterdam.

161 — Abrégé de la vie des plus fameux peintres avec leurs portraits gravés en taille-douce, les indications, etc., par M*** de l'Académie Royale des Sciences de Montpellier. Paris, 1745. 3 vol. rel.

162 — Galerie des Peintres flamands, hollandais et allemands, avec pl. gravées, d'a-

près les meilleurs tableaux de ces maîtres et par Lebrun. Paris, 1792. 2 vol. in-f° rel.

163 — Les Merveilles de la Céramique, par Jacquemart.

164 — La Vie des peintres flamands, par Descamps. 4 vol. rel. Paris, 1753.

165 — Vie des peintres flamands et hollandais, par Descamps, réunie à celle des peintres italiens et français, par D'Argenville. Marseille, 1840 (en 3 vol.).

166 — Vues et monuments de l'Inde. 2 vol.

167 — Costumes militaires de l'Inde.

168 — Lahore et Cachemire.

169 — Voyage pittoresque de la Flandre et du Brabant, par J. B. Descamps. Paris, 1769. Relié.

170 — Dictionnaire des graveurs, par F. Basan. 1789. 2 vol. avec pl., rel.

171 — Sous ce numéro, nombreux volumes relatifs aux arts. (Pourra être divisé.)

CATALOGUES

172 — Catalogue des diverses curiosités du cabinet de feu M. Quentin de Lorangère. 1744.

173 — Catalogue de tableaux précieux, etc. du cabinet Blondel de Gagny. 1776.

174 — Quatre catalogues de ventes, de M. de Chavray, 1766, de M. de La Lève de Jully, 1769, de Julliot, 1777, de M. Vassal de Saint-Hubert, 1779.

175 — Catalogue d'une riche collection de tableaux, etc., du cabinet de M** (Lempereur), 1773.

176 — Trois catalogues, de Paillet, 1777, de M. Coypel de Saint-Philippe, 1777, de Lebrun, 1780.

177 — Catalogue Randon de Boisset, 1777. 2 exemplaires.

178 — Catalogue des marbres, etc., formant le cabinet de Mme la duchesse de Mazarin, 1781. — Catalogue des différents objets, etc., du cabinet du marquis de Ménars, 1781.

179 — Catalogue des vases, colonnes, etc., du cabinet de feu le duc d'Aumont, 1782. — Catalogue des tableaux, etc., du cabinet de M***, 1783.

180 — Catalogue des tableaux, dessins, etc., après le décès de M. de Jullienne, 1767. 2 exemplaires.

181 — Lithographies d'après les principaux tableaux de la collection de S. A. Monseigneur le prince d'Arenberg, avec le catalogue descriptif, par Spruyt. Bruxelles, 1829.

182 — Vingt-trois tableaux de la galerie San

Donato (1868). Collection de San Donato, tableaux marbres, dessins, 1870. rel. en un volume.

183 — Catalogue d'une très belle collection de tableaux comprenant des œuvres remarquables des principaux maîtres des écoles anglaise, française, flamande et hollandaise, 27 et 28 avril 1874.

184 — Catalogues illustrés des ventes : Saulnier 1892, Seillière 1890, Mme X..... 1892, P..... 1891, May 1890, Troubetskoï 1892, Barbedienne 1892, Koning 1893, Mourre 1892, D'Yvon 1892, Perkins 1893, Coquelin 1893, De Berwick et D'Albe 1877, Lafaulotte 1886, De Beurnonville 1881, Double 1881, John Wilson 1881, Spitzer 1893, trois exemplaires avec planches, marquis d'Osmont 1884, Denain 1893, Weber 1892, Goldschmidt 1888, D'Armaillé 1890, Noel 1891, L. de M. 1891, O··· et de B··· 1891, Sellar 1889, V... 1892, Haro 1892, Bellino 1892, Rœderer 1891, Alexandre Dumas 1892,

Crabbe 1890, Daupias 1892, Meissonnier 1893, Hulot 1892, De Foer 1886. A. Dreyfus 1889, Secretan 1889, Rothan 1890, Piot 1890, Thoré-Burger 1892, Odiot 1889. La plupart portent les prix d'adjudication. Ce lot sera divisé.

185 — Lot d'anciens catalogues de ventes brochés, Randon de Boisset, Blondel de Gagny, citoyen Robit, De Saint-Victor, De Lalive, Debruge-Duménil, etc. (Sera divisé.)

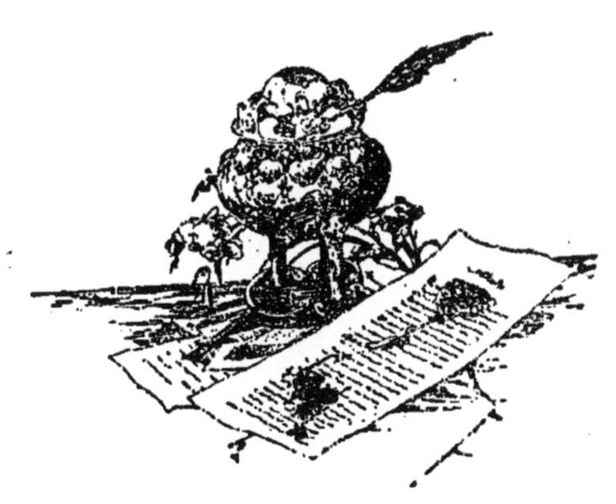

7 ils 210 — moi

gss 6240 [illegible]

113 Gsbi 1180 [illegible]

Lss 860 Rosenberg

www.ingramcontent.com/pod-product-compliance
Ingram Content Group UK Ltd.
Pitfield, Milton Keynes, MK11 3LW, UK
UKHW020509180726
13839UKWH00004B/1992